AF375781

RECONSTRUCTION

DES

FORMES DE RADOUB

DE PONTANIOU

RECONSTRUCTION

DES

FORMES DE RADOUB

DE PONTANIOU

DANS L'ARSENAL DE BREST

PAR

M. ADRIEN HALLIER

ENTREPRENEUR DE TRAVAUX PUBLICS

NOTE

PAR

M. G. RICHOU

INGÉNIEUR DES ARTS ET MANUFACTURES

PARIS

LIBRAIRIE POLYTECHNIQUE, CH. BÉRANGER, ÉDITEUR,

15, RUE DES SAINTS-PÈRES, 15

1903

RECONSTRUCTION

DES

FORMES DE RADOUB DE PONTANIOU

DANS L'ARSENAL DE BREST

Le service des travaux hydrauliques du port de Brest a fait procéder à la reconstruction de deux anciennes formes, construites au XVIIIᵉ siècle, dans l'anse de Pontaniou (fig. 1), et dont les dimensions ne se prêtaient pas à recevoir les cuirassés et les croiseurs pour lesquels on veut actuellement les employer. La réfection de ces formes a présenté, en raison de la configuration et de la mauvaise qualité du sol de fondation des écluses, dont la construction commandait le régime à adopter pour la partie la plus importante des travaux, des difficultés spéciales, tant au point de vue des ouvrages de protection des chantiers qu'à ceux du procédé d'attaque des déblais et d'exécution des maçonneries. Ce sont particulièrement ces ouvrages et ces procédés, dus à l'entrepreneur M. Adrien Hallier, qui feront l'objet de la présente note.

Description des anciennes formes. — Ces ouvrages commencés en 1742, par Ollivier, constructeur des vaisseaux du Roy, furent achevés respectivement en 1756 et 1757, par Choquet, ingénieur de la Marine. Elles portaient les numéros 1-3 et 2-4, et étaient chacune séparées en deux parties sensiblement égales : la forme 1-3 par un bateau-porte, la forme 3-4 par une porte en bois. Leur radier était établi à la cote (+ 2 mètres) environ. Creusées dans le roc pour la partie arrière, elles suivaient à peu près la pente du fond de l'anse, mais, le roc plongeant à la partie antérieure de celle-ci,

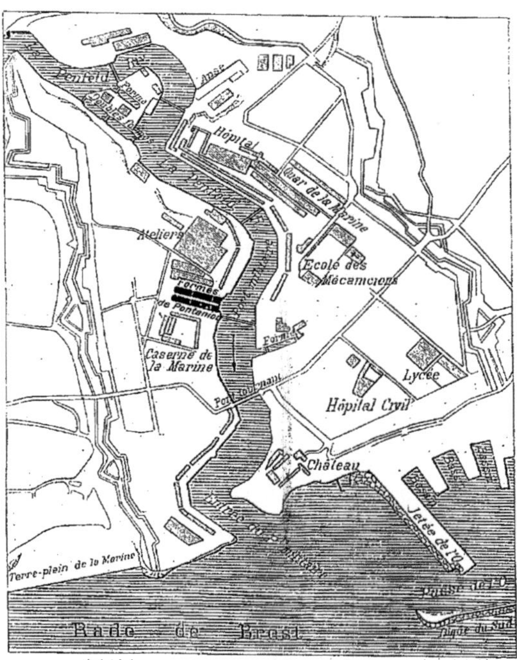

Fig. 1. — Plan de situation.

on avait dû fonder les écluses, les murs des têtes et une partie du radier sur des pilotis.

Ces formes entièrement en maçonnerie (fig. 2, 3 et 4), étaient de première importance pour l'époque : car, jusqu'alors, les autres ouvrages de ce genre, et particulièrement ceux de Brest, les premiers exécutés en France, avaient leur radier et leur chambre antérieure en charpente clouée sur les têtes de pieux. On les surchargeait de « 120 milliers de fer » pour résister à la sous-pression, et il fallait descendre et remonter cette énorme masse à toutes les sorties des vaisseaux [1]. Plus tard, Roblin, Directeur des fortifica-

Fig. 2. — Ancienne forme 1-3. (Partie antérieure.)

tions en Basse-Bretagne, remédia à cet inconvénient, en établissant dans la chambre antérieure une série de fermes formant une voûte renversée qui reportait la sous-pression contre les piles latérales en maçonnerie où elles étaient reçues dans des entailles. C'est,

[1] *Description des trois formes du port de Brest*, bâties, dessinées et gravées en 1757, par M. Cuoquet, ingénieur ordinaire de la Marine. — Brest ; de l'Imprimerie de Romain Malassie, imprimeur ordinaire du Roi et de la Marine, 1757. — Un volume grand in-folio avec planches.

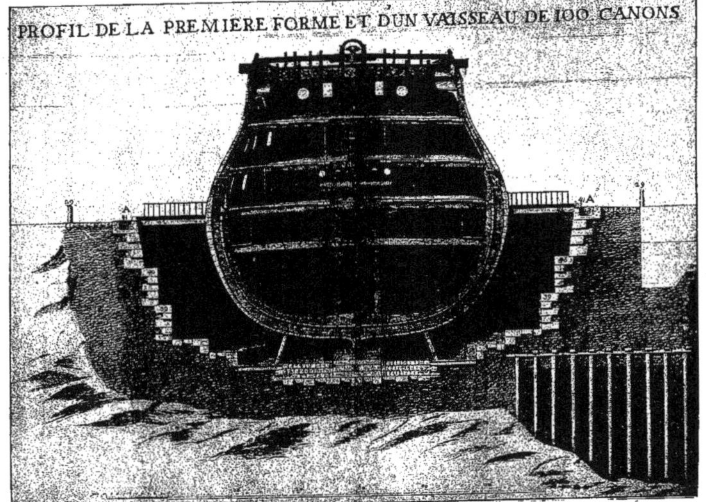

Fig. 3. — Vaisseau de cent canons dans la forme 1-3.

en somme, le principe de la voûte renversée, suivant lequel sont actuellement construites les chambres d'écluses.

Les formes 1-3 et 2-4 présentaient un profil transversal « avec

Fig. 4. — Ancienne forme (2-4).

banquettes en amphithéâtre « suivant par gradation la figure extérieure du vaisseau, de manière à réduire le volume de l'eau à épuiser » (Choquet). La première pouvait recevoir facilement des vaisseaux de cent canons, ainsi que le représente la figure 3, empruntée à l'ouvrage de Choquet, et les dimensions principales des ouvrages étaient les suivantes :

DIMENSIONS	FORMES 1-3	FORMES 2-4
Longueur de l'extrémité de l'ogive à la tête. .	170 mètres.	157,50 mètres.
Largeur au niveau du terre-plein :		
a) Sur les écluses.	21,50 —	18,80 —
Sur la section courante	20,90 —	17,17 —
b) Au niveau du radier de la section courante.	17,25 —	14,04 —

Voici maintenant quelques détails empruntés à l'ouvrage de Choquet sur le mode de construction employé.

Ollivier fit d'abord procéder au battage des pieux. On les frappait à cinq et six pieds l'un de l'autre, au moyen d'une sonnette à bras portée par un chaland. L'avancement se faisait en allant de la Penfeld vers le fond de l'anse. Arrivé là, on établissait un plancher général sur la tête des pieux déjà battus et on y plaçait, près de la rivière des sonnettes à cabestan avec des moutons de 1 200 livres tombant d'une hauteur maximum de 32 pieds. Au droit de celles-ci, on coupait le plancher pour battre, dans l'intervalle des premiers, des files de pilots armés de frettes à la tête et de sabots en fer au pied, qu'on enfonçait également à refus ; les sonnettes se reculaient ainsi successivement jusqu'au fond. On profitait des basses eaux dans les grandes marées pour se débarrasser des vases qui se déposaient sur et entre les pieux, et pour receper ceux-ci à une cote uniforme (28 pouces au-dessous de la marque ou zéro de l'époque). Mais comme le temps ainsi gagné ne suffisait pas, Ollivier avait imaginé de faire sur les têtes des pieux, à l'aide de planches jointives ou de murs en maçonnerie, une série de petites enceintes ou parquets de 6 à 7 mètres de côté, et de 1 mètre de profondeur. Une vanne permettait l'écoulement d'une partie des eaux ainsi enfermées, et le reste était épuisé à l'aide de pompes à main dites hollandaises. Lorsqu'on était à sec, on déblayait la vase du fond, on recepait les têtes des pieux et on bourrait leurs intervalles, à 18 pouces au-dessous du niveau général adopté, au moyen de bonne maçonnerie faite, dit Choquet, avec de la « possolane et du ciment ».

Sur les parties ainsi terminées, on posait un premier rang de chapeaux, parallèlement à l'axe de l'anse. Ils étaient chevillés avec des goujons sur les têtes des pieux, le temps de la marée ne permettant pas de les assembler à tenons et mortaises. Les abouts des chapeaux, qui venaient sur le roc entaillé pour les recevoir, étaient assujettis par des crampons en fer scellés au plomb. Des palplanches fichées contre la première rangée dans le sens longitudinal de l'anse, protégeaient ces abouts contre le soulèvement par les eaux.

On continua ainsi pendant cinq années, jusqu'à la mort d'Ollivier, survenue en 1746. La lenteur inséparable d'un pareil travail n'avait permis de couvrir que 24 pieds de l'anse, soit 8 mètres sur 5o mètres environ de largeur. En tenant compte de la période de préparation, on avait tout au plus exécuté 100 mètres carrés par an. Les travaux furent abandonnés jusqu'en 1751, époque à laquelle Choquet reçut l'ordre de les reprendre.

Il fit tout d'abord procéder au déblayage des vases accumulées sur l'avant-radier, et, revenant, sur une plus large échelle, au procédé des enceintes fermées ou « parquets », il entoura successivement chacune des moitiés par de petits murs en maçonnerie de 1,5o m. de hauteur; on épuisait à l'aide de 200 pompes à chapelets et à chopines manœuvrées probablement par des forçats [1] (fig. 5 et 6).

On établit, en les goujonnant sur les chapeaux, deux rangs successifs de longrines jointives, l'un dans le sens transversal, l'autre dans le sens longitudinal, séparées par des couches de

[1] L'ingénieur Choquet a eu, outre les formes, à construire le bagne de Brest sur lequel il a laissé un mémoire analogue à celui que nous avons consulté. Il fut terminé en 1750 : la construction en avait été décidée quand « la flotte des galériens fut réunie à la flotte du Roi, pour loger les forçats de Toulon et de Marseille, où aucun bâtiment spécial n'existait pour les recevoir ». Choquet ne parle pas explicitement de la participation des forçats aux travaux des formes de Pontaniou. Il est plus que probable, cependant, que ce sont eux qui ont exécuté ces durs travaux, car presque toutes les pierres de parement de la forme des cuirassés portaient encore un chiffre taillé que la tradition attribue comme marque aux forçats qui les avaient travaillées.

vieilles couvertures de laine suiffées pour arrêter les infiltrations.

Choquet agrandit ensuite, par des procédés analogues, la surface de l'avant-radier et y éleva les maçonneries des piles de rive et de la pile du môle central. Il put alors établir deux batardeaux

Fig. 5. — Coupe verticale du chantier de battage des pieux établi
par Choquet en 1751.

en maçonnerie pour fermer les pertuis, en ayant soin de laisser à leur base des ouvertures destinées à l'écoulement des eaux. Le pilotage du radier et la maçonnerie des formes proprement dites s'exécutèrent ensuite à sec. Quant aux portes elles furent installées par flottage et levage à peu près dans les mêmes conditions qu'aujourd'hui. Choquet avait eu, d'ailleurs, soin de laisser dans les bajoyers deux rainures en dehors des enclaves des portes, de manière à permettre d'y poser un batardeau lorsqu'on aurait besoin de les réparer.

Les ciments et « possolanes » employés par cet ingénieur étaient de deux sortes : l'un, de couleur rouge, décèle la présence de tuileaux ; l'autre, gris, était composé probablement avec des schistes cuits. Le premier était demeuré généralement très bon et

Fig. 6. — Plan du chantier de battage des pieux.

ses massifs entre les têtes des pieux résistaient au pic : le second était ordinairement sans consistance et se délayait aisément.

Le 2 février 1756, il entra un vaisseau dans la première forme ; dans le mois d'avril de la même année, la seconde fut achevée, et la troisième dans le mois de mai 1757. Les travaux avaient donc exigé, défalcation faite des cinq années d'abandon, une durée de dix ans.

Construction des nouvelles formes. — Dispositions générales (fig. 1 à 7 de la planche). — Les dimensions des nouvelles formes sont les suivantes :

DIMENSIONS	FORMES 1-3 CROISEURS	FORMES 1-4 CUIRASSÉS
Longueur du parement antérieur du caisson de tête à l'extrémité de l'ogive . . .	177,50 mètres.	160 mètres.
Largeur au niveau du terre-plein :		
a) Sur les écluses.	22 —	29,267 —
b) Sur la section courante	26,80 —	33,134 —
c) Au niveau du radier des écluses . . .	19 —	25 —
d) Au niveau du radier de la section courante	19,90 —	28,234 —

L'allongement a été peu important, tandis que les élargissements atteignent respectivement 4 mètres et 10,33 m. sur la section courante et les approffondissements 3,60 m. et 6,40 m. environ.

Les radiers, divisés en deux étages, sont établis à la cote (— 3,30 m.) au-dessous du zéro de Brest sur l'écluse de tête, et à la cote (+ 4,50 m.) à l'origine des formes : ils remontent vers le fond de celles-ci avec une pente de 7 millimètres par mètre. Au milieu se trouve une cunette de 1 mètre de largeur, qui descend par une pente de 2 millimètres par mètre vers le fond des formes.

La forme 1-3 (croiseurs) comporte deux écluses intermédiaires permettant de la sectionner en deux (fig. 1 et 2 de la planche).

Le terre-plein laissé entre les écluses a 17,234 m. ; entre les murs des formes, 12,90 m.

Il y avait, en outre, à établir, en tête des formes, le puisard des nouvelles pompes d'épuisement qui nécessitait une fouille de 17 mètres de profondeur. Les aqueducs d'épuisement ont une section de 1,20 m. de largeur sur 2 mètres de hauteur sous clef. Deux d'entre eux partent des ogives des formes pour aboutir au puisard ; le troisième fait communiquer ce dernier avec la partie antérieure de la forme 1-3, pour l'utiliser seule par sectionnement.

Quatre aqueducs circulaires en maçonnerie de 1,20 m. de large sur 1,80 m. de hauteur sous clef sont disposés dans les écluses de tête pour le remplissage des formes. L'aqueduc de refoulement est établi en prolongement de l'aqueduc existant, et suivant une section de 1,20 m. de large sur 2,60 m. de hauteur sous clef.

Enfin, deux égouts voûtés de 1,20 m. de large sur 2 mètres de hauteur sous clefs sont disposés sur les deux rives des formes pour évacuer les eaux qui viennent de l'extérieur de l'arsenal et les déverser dans la Penfeld. Celui de la rive nord se termine par une chambre à déblais.

Nous ne citerons que pour mémoire les travaux accessoires consistant en démolitions de diverses constructions élevées sur les terre-pleins, et le remplacement d'une ancienne cale de construction située devant les bâtiments de la Direction des Travaux hydrauliques, par des quais pourvus d'escalier et d'une rampe d'accès, de manière à constituer un terre-plein (fig. 1 de la planche).

ORDRE D'EXÉCUTION DES TRAVAUX. — L'article 2 du Cahier des charges imposait tout d'abord l'exécution de ces travaux accessoires, qui permettaient de dégager les terre-pleins entourant les formes ainsi que les voies d'accès; et pouvaient fournir à l'Entreprise l'espace nécessaire à la fabrication du mortier et à l'approvisionnement des matériaux. En même temps, il prescrivait la construction du puisard des machines et celle des aqueducs aboutissant aux ogives des formes.

Quant aux fondations des écluses de tête, elles devaient être exécutées au moyen d'un ou deux caissons à air comprimé et entreprises le plus promptement possible.

Les travaux devaient être conduits simultanément dans l'intérieur des formes, sur l'écluse d'entrée et à l'extérieur, de manière à livrer à la Marine, dans le délai de trois ans, la forme des cuirassés (2-4), son chenal d'accès, les quais voisins, la souille à creuser sur la rive gauche de la Penfeld, et une zone libre de 6 mètres de large autour de la forme.

Le surplus des travaux devait ensuite être effectué de manière

Fig. 7. — Démolition de l'entrée des formes.

que l'entreprise fût achevée dans un délai total de quatre années.

ORGANISATION DES CHANTIERS. — Les seuls espaces disponibles pour l'organisation des chantiers consistaient en une zone de 6 mètres de largeur, sur les terre-pleins longeant les formes, en une autre de 12 mètres de largeur sur 100 mètres de longueur en retour des quais de la Penfeld (celle à gagner par le remplacement de la cale indiquée plus haut), enfin dans le terre-plein qui sépare les deux formes et qui, après achèvement, ne doit avoir que 12,90 m. de largeur.

Conformément aux prescriptions susmentionnées, l'Entreprise a commencé par le débarrasser de ses constructions. En même temps, pour pouvoir utiliser sans retard la bande de 6 mètres qui lui était accordée le long des formes, il a fallu construire, en premier lieu, les deux égouts destinés à l'évacuation des eaux de l'arsenal et qui devaient occuper le sous-sol de ladite bande.

On a exécuté ensuite, comme il était prévu, les quais nécessaires pour le remplacement de l'ancienne cale de construction devant les bâtiments de la Direction des Travaux hydrauliques, et l'on a pu, après remblayage, disposer d'un terre-plein sur lequel on a installé les magasins à ciment et l'outillage nécessaire à la fabrication du mortier. Dans le prolongement est placé l'approvisionnement des pierres de taille. Cette disposition générale était commode parce qu'elle permettait de recevoir à quai, par la Penfeld, le ciment, le sable et la pierre.

L'exiguïté des dégagements des chantiers rendait impossible l'emploi des plans inclinés pour l'évacuation des déblais des fouilles, comme M. Hallier avait pu le faire pour l'exécution des formes n°s 4 et 5 du Havre. Elle ne permettait pas davantage, au point de vue économique, l'installation de moteurs à vapeur desservis par des générateurs indépendants et répartis sur divers points du périmètre des ouvrages. Il était donc naturel de recourir à une station centrale électrique.

Cette usine électrique a été établie sur l'extrémité antérieure du terre-plein séparatif des formes. Elle comprenait deux machines verticales Weyher et Richemond, genre Corliss, pouvant fournir chacune 150 chevaux, qui actionnaient par courroie des dynamos à courant continu de 240 volts, l'une de 66 kilowatts, l'autre de 90 kilowatts. L'appareil évaporatoire se composait de deux chaudières Delaunay-Belleville, timbrées à 14 kilogrammes et fournissant la vapeur aux cylindres à 8 kilogrammes à l'aide d'un détendeur.

La station centrale alimentait par câbles : 1° l'atelier de réparations établi dans le bâtiment du pilon de 8 tonnes de la Marine ; 2° l'installation de fabrication du mortier ; 3° le transporteur Temperley, dont il sera parlé plus loin ; 4° les compresseurs d'air, dont l'emploi était prévu par le Cahier des charges pour la fondation des écluses de tête ; 5° les treuils pour l'évacuation des déblais ; 6° les pompes d'épuisement ; 7° l'éclairage, etc.

La faible largeur des terrains libres autour des chantiers avait conduit le Service des Travaux hydrauliques à prévoir l'évacuation au tombereau des déblais des formes. L'Entrepreneur a pu ultérieurement obtenir l'autorisation de placer une voie ferrée de 1 mètre le long des quais de l'arsenal pour conduire les déblais sur les terre-pleins de Lanninon, lieu de décharge situé à 2 kilomètres environ des chantiers. Les trains composés de wagons de 2 mètres cubes, étaient traînés par des locomotives de 15 à 20 tonnes.

Quant au mortier, il était amené des malaxeurs au lieu d'emploi par une voie de 0,60 m.

Exécution des travaux. *Ogives et fonds des formes.* — Le Cahier des charges prévoyait qu'on exécuterait à sec cette partie des travaux par épuisement, derrière les portes intermédiaires.

Les écluses d'entrée devaient être en même temps construites à l'air comprimé, et, une fois achevées, elles auraient permis d'implanter les nouvelles portes, pour terminer ensuite à sec les parties antérieures des deux formes.

Ce programme n'a pas été suivi, du moins, en ce qui concerne l'emploi de l'air comprimé, ainsi que nous le verrons plus loin. L'ogive et le fond de la forme 1-3 (croiseurs) ont été attaqués à

Fig. 8. — Transporteur Temperley travaillant au fond de la forme des croiseurs.

l'abri de la porte intermédiaire. Quant à la forme 2-4 (cuirassés), elle a été presque entièrement faite derrière la porte principale, qu'on avait pu conserver parce qu'elle se trouvait en arrière des 12 mètres de largeur prévus pour les écluses d'entrée.

On a démoli les anciens môles, puis construit les murs de quai en travaillant à la marée. On a aussi terminé les abords de l'entrée sur les deux côtés pour les travaux de maçonnerie (fig. 7).

Le transport des déblais du fond à la surface ne pouvait, comme il a déjà été dit, s'exécuter par des plans inclinés. M. Hallier y a pourvu par l'installation d'un transporteur Temperley . Cet appareil circulait sur un pont de 40 mètres de portée utile ; la poutre avait 50 mètres de longueur et reposait sur deux palées métalliques, qui roulaient sur un rail, de chaque côté de la fouille (fig. 8).

Le transporteur Temperley, qui évite tout transport horizontal à fond de fouille, puisqu'on peut amener le pont à l'aplomb des points de chargement, a donné les meilleurs résultats au point de vue de la rapidité et de l'économie. Avec une profondeur moyenne de 12 mètres, nous l'avons vu monter 20 mètres cubes à l'heure ; chaque opération nécessitait 1 minute et demie, avec des bennes d'un demi-mètre cube, pour prendre la benne au fond de la fouille, l'élever, la transporter horizontalement, la décharger sur un wagon et la redescendre.

Cette partie des travaux a eu à subir de sérieuses entraves, par suite des éboulements considérables qui se sont produits sur les faces Nord de chacune des deux formes, en raison du clivage des roches à excaver. L'un de ces éboulements a pris une telle importance, que les voies des grands wagons ont été coupées, et qu'il a fallu construire un arc en maçonnerie pour les porter et rétablir la circulation des trains de déblais.

Le même expédient a dû être adopté pendant la construction du puisard, à cause de l'obligation de laisser un passage charretier entre la rampe de la Madeleine, située au fond de l'emplacement des formes, car la voie se trouvait ainsi à pic sur le bord de la fouille des ogives (fig. 8). On a donc dû arrêter le passage des locomotives en cet endroit, et leur substituer des chevaux pour la traction des wagons.

Les éboulements de la face Nord de la forme des croiseurs ont réduit à 4 mètres la largeur du terre-plein central, et déterminé une gêne considérable pour l'exploitation de la voie qui amenait le mortier et les pierres de maçonnerie, voie qu'il a fallu réduire à

0,60 m. d'écartement, au lieu de 1 mètre qu'on espérait employer.

Les fouilles de la forme des cuirassés (2-4) s'exécutant suivant la pente du fond, il a fallu pour l'installation des épuisements, placer la première pompe vers le milieu de la fouille. C'était une pompe centrifuge de 0,220 m., à commande électrique. Lorsque cette fouille a été achevée et les maçonneries terminées, l'attaque du rocher a été reportée à 30 mètres de la porte, toujours en marchant dans le même sens, et on a adjoint à la première une seconde pompe de 0,300 m. Enfin une troisième de 0,120 m. asséchait le puisard.

Pour les épuisements de la forme des croiseurs (1-3), on avait déposé, sur le bateau-porte intermédiaire, une pompe centrifuge de 0,150 m., et plus tard une de 0,120 m. dans la fouille des écluses d'entrée, à l'abri du batardeau.

Construction des écluses d'entrée. — La construction des écluses d'entrée a constitué la partie la plus importante des travaux, car elle commandait entièrement l'approfondissement des formes et l'exécution des maçonneries.

Comme il a été dit plus haut, les fondations devaient, aux termes du Cahier des charges, être faites à l'air comprimé. Ce qui avait conduit les Ingénieurs des Services hydrauliques à adopter ce procédé, c'est la mauvaise qualité attribuée au sol de fondation. Un môle en maçonnerie, précédemment établi au même endroit pour la construction d'un pont tournant, n'avait pas, en effet, pu tenir, et avait dû être supprimé avant les travaux actuels.

Toutefois, le profil en travers de l'anse de Pontaniou rendait l'application de l'air comprimé particulièrement difficile. En effet, le rocher présente au droit des écluses, une sorte de cuvette dont les bords se trouvent à la cote (+ 9 mètres) et le fond, situé à peu près dans l'axe, à la cote (— 7 mètres) (fig. 4 et 6 de la planche).

Fig. 9. — Construction du batardeau.

La partie centrale était occupée, comme on l'a vu, par les

anciens pilots (fig. 5, 6 et 11) très serrés, frappée par les premiers
constructeurs, pour porter le radier des têtes des anciennes

Fig. 10. — Installation du grand plan incliné pour la fouille
de la partie centrale et des écluses de tête.

formes. Ces pilots se prolongeaient même en avant de l'emplacement des nouvelles.

Sur toute la largeur de l'entrée, le sol devait être amené à la
cote (— 4 mètres), et les quais limitant les abords ont été fondés
à la cote (+ 1 mètre) sur le roc.

Le caisson unique ou les deux caissons accolés que prévoyait
le devis, avaient à commencer leur fouille à la cote (+ 1,50 m.) et

à la descendre à (— 7 mètres). Ils auraient présenté une longueur totale de 80 mètres, et, comme les banquettes latérales du rocher n'ont chacune, à la cote (+ 1,50 m.) qu'environ 10 mètres, ils se seraient trouvés, pour ainsi dire, en l'air, sur une longueur de 60 mètres, et auraient par suite été exposés à fléchir, à marée basse, sous leur propre poids (fig. 5 de la planche).

On peut encore, à titre accessoire, arguer contre l'emploi pratique des appareils à air comprimé dans le cas des écluses des formes de Pontaniou, de la sérieuse difficulté qu'on aurait éprouvée pour l'arrachage et la manutention dans des chambres de travail ordinaire, de pieux très serrés les uns contre les autres et dépassant quelquefois 8 mètres de longueur. Enfin, la présence de vases d'une grande épaisseur et en pleine décomposition, faisait redouter pour les ouvriers, de graves malaises visuels et mêmes des explosions. Des faits analogues se sont en effet récemment produits dans les chambres de travail employées pour la fondation à l'air comprimé des murs de l'avant-port de Dieppe [1].

Un caisson fut néanmoins commandé, mais sa livraison se fit si longtemps attendre que l'Entrepreneur dut aviser à d'autres moyens. Il employa d'abord une cloche à dérochement. La fouille devant pénétrer dans le rocher sur sa largeur prévue à 12 mètres, le chaland, porteur de l'appareil de suspension était limité à des dimensions correspondantes, et la cloche elle-même, qui devait être soulevée à l'extrémité d'une grue flottante, ne pouvait présenter que 7 mètres sur 5 mètres au maximum. La capacité de travail d'un tel engin était très faible, et n'aurait pas permis de terminer l'entreprise dans les délais impartis. On s'en servit néanmoins jusqu'en février 1901.

A cette époque, le caisson commandé n'étant pas livré, M. Hal-

<hr>

[1] Voir à ce sujet la note de M. Herzog, ingénieur des ponts et chaussées (Annales du 4ᵉ trimestre de 1900.)

lier s'arrêta à une décision hardie et dont la mise à exécution a
été couronnée d'un plein succès. Considérant que les têtes des
pilots qui remplissaient la cuvette centrale de l'anse de Pontaniou
au droit des écluses nouvelles avaient, en somme, supporté, sans
faiblir, le radier des anciennes, édifié sur leur bonne conservation
par des sondages, et pensant enfin, que l'insuccès de l'ouvrage
précédemment fondé sur le même point tenait peut-être plutôt à

Fig. 11. — Fouille des écluses de tête.

certaines défectuosités de la maçonnerie qu'à la mauvaise qualité
générale du sol, il proposa aux Ingénieurs des Services hydrauliques de fermer l'anse par un batardeau en maçonnerie, reposant
à ses extrémités sur le rocher, et en son centre sur les pilots dont
il a déjà été parlé (fig. 9).

Cette solution fut agréée par l'Administration, tout en laissant
à l'Entrepreneur l'entière responsabilité des opérations subsé-
quentes.

Le succès n'en était d'ailleurs pas assuré, même en considérant
comme exagérées les préoccupations relatives à la mauvaise qua-

lité imputée au sol dans la cuvette centrale. Car, comme pour le
caisson, ce profil obligeait à faire reposer le batardeau à ses extrémités sur un rocher solide, tandis que le centre aurait à s'appuyer
sur les anciens pieux et sur de nouveaux à battre pour combler les
vides laissés entre certains d'entre eux. Enfin, sur les côtés, entre
les lignes de pieux et l'arête du rocher proprement dit, la maçonnerie devait forcément porter sur des parties vaseuses plus ou
moins compactes.

Pour remédier aux inégalités de résistance du sol de fondation,

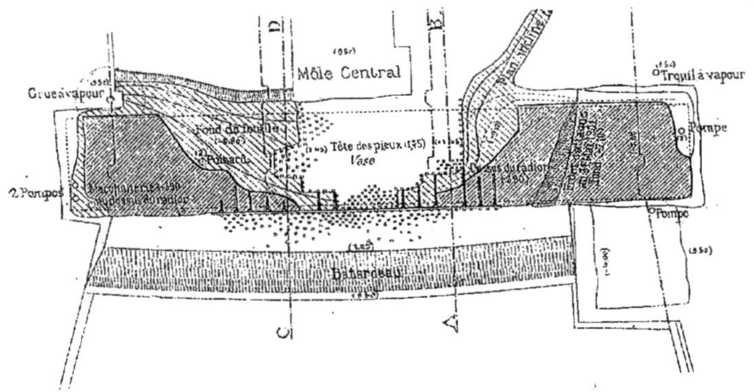

Fig. 12. — Plan montrant le blindage des fouilles derrière le batardeau.

M. Hallier battit quelques nouveaux pilots en avant et dans les
intervalles des anciens, et assit son batardeau sur un radier général en béton d'une épaisseur moyenne de 1 m., arasé à la côte
(2,20 m.) (fig. 12). Ce radier supporte un mur en maçonnerie de
72 mètres de longueur, 6 mètres de largeur à la base et 1 mètre
à la crête. Les plus hautes marées atteignant 8,20 m., il est arasé
à la cote (8,60 m.).

Ce mur présentait, du côté de la Penfeld, une convexité corres-
pondant à un rayon de 300 mètres. La pression qu'il exerçait sur
la fondation étant de 2 kilogrammes par centimètre carré, lorsqu'il

n'était pas chargé sur l'arête extérieure ; à marée haute, l'arête intérieure supportait la même charge et, à marée moyenne, la résultante des pressions passait à peu près au centre de la base.

Le béton du radier a été dosé à 450 kilogrammes par mètre cube de sable, et on a employé deux volumes de mortier pour trois de pierre cassée. Le mortier employé pour la maçonnerie était également dosé à 450 kilogrammes.

Le batardeau qui vient d'être décrit a été achevé dans les premiers jours de mai 1901, et a donné tous les résultats qu'en atten-

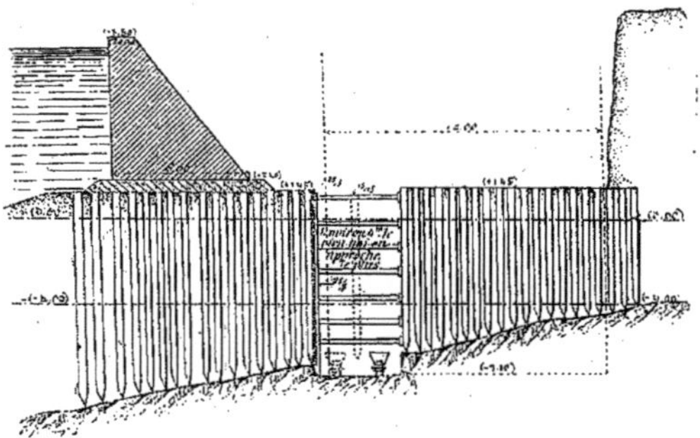

Fig. 13. — Coupe suivant AB du plan (grande profondeur de vase).

dait l'Entrepreneur, c'est-à-dire qu'il a permis d'édifier entièrement les écluses des deux formes et avec des épuisements très peu importants. Il a néanmoins présenté, dès les premiers jours de son achèvement, un renard à la jonction du mur proprement dit et du radier en béton qui le supporte. Mais ce renard ne débitait, à marée haute, que 2 à 3 mètres cubes à l'heure, et comme il ne livrait passage qu'à de l'eau claire, ce qui démontrait qu'il ne se produisait aucun affouillement dans les vases situées en avant des maçonneries, on jugea inutile de chercher à l'aveugler, et il a ainsi fonctionné jusqu'à la fin des travaux.

D'autre part, il s'est produit, un mois environ après la cons-

truction, deux fissures. L'une, à l'extérieur et oblique, à la limite
du rocher et des fondations qu'il supporte, ne traversait pas la
maçonnerie et ne montait qu'à environ 2 mètres du couronnement.
L'autre, vers le centre et à l'intérieur, montait de la base jusqu'aux
deux tiers environ de la hauteur, et, comme la précédente, elle ne
traversait pas le massif ; elle se fermait à marée haute, parce que
l'arête intérieure était alors plus fortement chargée.

Enfin, à la fin de septembre, c'est-à-dire cinq mois environ
après la construction, on observa une troisième fissure presque

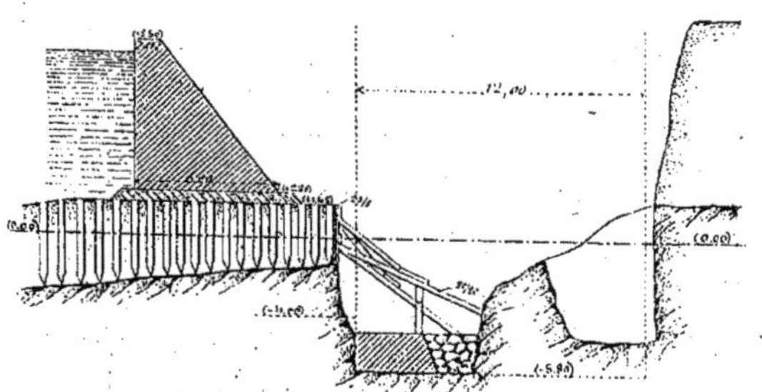

Fig. 14. — Coupe suivant CD du plan (faible profondeur de vase).

verticale à la butée du batardeau contre l'ancien mur du quai.
Cette fissure s'ouvrait, à marée basse, de 2 à 3 millimètres et se
fermait à marée haute.

Aucune de ces fissures n'a donné d'eau. Il n'y a pas eu davantage de tassements. Quant aux mouvements du mur sous l'influence
des marées, leur amplitude a varié de 30 à 44 millimètres.

*Attaque de la fouille des écluses et construction des maçonne-
ries.* — On fut assez rapidement assuré de la bonne tenue du
batardeau ; mais il restait à combiner une attaque en cunette
pour la fouille des écluses, de manière à s'affranchir de tout
affouillement des vases au-dessous des têtes des pilots, acci-

dent qui aurait rendu pratiquement inutile la construction du batardeau.

Le premier projet consistait à laisser à l'aplomb de cet ouvrage une risberme de 4 mètres, et à creuser à son pied, sur toute la

Fig. 15. — Construction des bajoyers de l'écluse des cuirassés.

longueur, une cunette de 2 mètres de large poussée à la profondeur d'implantation des maçonneries (— 7 mètres). On y aurait coulé un mur de béton, de manière à se garantir des infiltrations, s'il s'en était produit, et qui aurait, en outre, servi à étayer la fouille en marchant vers le rivage. Mais les parties latérales de rocher,

4

qui servaient d'assise au batardeau, ne devaient pas donner beaucoup d'eau, et la partie vaseuse du centre y était seule exposée. D'autre part, les anciens pieux étant encore très bons, M. Hallier a considéré comme suffisant de garnir la première rangée d'un

Fig. 16. — Construction des bajoyers de l'écluse des cuirassés.

double rideau de palplanches jointives. La fouille a ainsi pu être attaquée en partant des murs de quais des formes et en marchant vers le centre. Des puisards, établis dans les angles de ces murs et du batardeau, et d'un accès facile aux pompes, recueillaient toutes les eaux. L'enlèvement des déblais des parties latérales s'exécuta, d'un côté, à l'aide d'une grue Caillard à vapeur, d'une

Fig. 17. — Vue des chantiers des écluses à marée haute.

puissance de 1 500 kilogrammes et de 10 mètres de portée, et de
l'autre par un treuil également à vapeur.

Quant aux déblais de la partie centrale, ils étaient enlevés par un plan incliné établi dans la forme des cuirassés, déjà en grande partie achevée (fig. 9). Ce plan présentait une pente de 12 p. 100, avec une longueur variable et de 130 mètres au maximum. Il portait deux voies de 0,40 m. et était actionné par un treuil à commande électrique (fig. 10 et 11).

Le déchargement du treuil à vapeur, du plan incliné et de la grue Caillard s'opérait sur les trains de grands wagons dont la voie entoure les quais extérieurs des formes.

Pour l'exécution des maçonneries, on a procédé de la manière suivante ; de chaque côté des pieux anciens laissés vers le centre de la fouille (fig. 12 à 14), on pratiquait, le long du massif rocheux, une cunette de 2 mètres de largeur sur une longueur de 4 mètres, jusqu'à la profondeur nécessaire, et on y implantait la première maçonnerie. On l'élargissait alors à 4 mètres et ainsi de suite. Les étaiements, dans la partie de droite (fig. 13) où la fouille allait jusqu'à la cote (— 7 mètres), à cause de la profondeur de la vase, se faisaient contre les rangées de pieux situées à 2 mètres l'une de l'autre. Les pieux intermédiaires étaient arrachés à l'aide de chèvres installées sur les têtes des pilots encore conservés. Puis on étayait par des madriers provisoires contre ces pilots d'abord, ensuite contre la maçonnerie en élévation. Enfin quand celle-ci était parvenue à la cote du radier (— 3,90 m.), le batardeau était étayé contre le seuil même des écluses.

Dans la partie de gauche (fig. 14), où l'on rencontrait la roche solide dans la vase à la cote (— 5,80 m.) seulement, et où les pieux avaient une hauteur beaucoup plus faible, on s'appuyait d'un côté sur eux, et de l'autre sur la paroi rocheuse de la fouille, pour terminer l'étayage comme dans la partie précédente.

Les figures 15 et 16 représentent la mise en application de ces procédés. On voit, notamment dans la figure 15 (forme des cuirassés), les trois types d'étaiements : 1° provisoires contre les

pieux ; 2° provisoires contre la maçonnerie en élévation ; 3° défini-
tifs contre le seuil de l'écluse. La figure 16 (même forme, 31 août
1901) ne montre plus d'étais contre les pilots. La figure 17 montre
le chantier à marée haute.

Pour l'approvisionnement des pierres et du mortier, l'Entreprise
avait établi sur le batardeau même une voie ferrée de 0,40 m. qui
rejoignait, à l'aide d'un pont de service en charpente de 25 mètres
de portée, le terre-plein central des deux formes. La descente du
mortier et des pierres de déblai à employer dans les massifs en
élévation s'exécutait à l'aide de coulottes accolées au batardeau ;
celle des pierres de taille pour les parements employait un câble
qui traversait les fouilles, et sur lequel on faisait avancer les matériaux à l'aide d'une poulie.

La reconstruction des formes, après l'exécution du batardeau,
s'est poursuivie dans des conditions normales, et n'a plus ren-
contré aucune difficulté sérieuse.

Les projets de ces nouvelles formes ont été dressés par M. Lidy,
ingénieur des Ponts et Chaussées, sous la direction de M. de Miniac,
ingénieur en chef, Directeur des Services hydrauliques de la Marine.

ÉVREUX, IMPRIMERIE DE CHARLES HÉRISSEY

2 Sept 2

9 782014 439168